BEI GRIN MACHT SICH IHR WISSEN BEZAHLT

- Wir veröffentlichen Ihre Hausarbeit, Bachelor- und Masterarbeit

- Ihr eigenes eBook und Buch - weltweit in allen wichtigen Shops

- Verdienen Sie an jedem Verkauf

Jetzt bei www.GRIN.com hochladen und kostenlos publizieren

Chinesisch. Weltsprache von morgen?

Bibliografische Information der Deutschen Nationalbibliothek:

Die Deutsche Nationalbibliothek verzeichnet diese Publikation in der Deutschen Nationalbibliografie; detaillierte bibliografische Daten sind im Internet über http://dnb.d-nb.de abrufbar.

ISBN: 9783346737946
Dieses Buch ist auch als E-Book erhältlich.

© GRIN Publishing GmbH
Nymphenburger Straße 86
80636 München

Druck und Bindung: Books on Demand GmbH, Norderstedt Germany
Gedruckt auf säurefreiem Papier aus verantwortungsvollen Quellen

Das vorliegende Werk wurde sorgfältig erarbeitet. Dennoch übernehmen Autoren und Verlag für die Richtigkeit von Angaben, Hinweisen, Links und Ratschlägen sowie eventuelle Druckfehler keine Haftung.

Das Buch bei GRIN: https://www.grin.com/document/1281861

Reich der Mitte – Chinesisch, Weltsprache von morgen?

Inhaltsverzeichnis

Reich der Mitte – Chinesisch, Weltsprache von morgen?

1. Einleitung

Mit der Globalisierung und der damit einhergehenden Digitalisierung ist die Internationalisierung unserer Welt nicht mehr zu stoppen. Dies hat die Auswirkung, dass selbst die Unternehmen in unserem Umkreis längst nicht mehr nur Deutsch sprechen wie vor einem halben Jahrhundert, da diese nun über Firmensitze, Kunden und Lieferanten weit über den Europäischen Kontinent verfügen. So wird festgestellt, dass Englisch die Sprache ist, um in unserer Gesellschaft etwas erreichen zu können. Doch Experten aus verschiedenen Fachgebieten sind sich einig, Mandarin, die Amtssprache der Volksrepublik China, ist ein potenzieller Kandidat, der Englisch als Weltsprache überholen könnte. Durch die Eindrücke, die ich bei meinem zweiwöchigen Austauschprogramm in Peking gewonnen habe, ist dieses Thema bei mir persönlich von besonderem Interesse.

Als Gegenstand dieser Arbeit erweist sich der Weg von Mandarin zu einer möglichen Weltsprache, die sich durch den Weg der Volksrepublik zur möglichen Weltmacht resultiert. Da der Weg der Volksrepublik zur möglichen Weltmacht zu umfangreich ist, gehe ich in dieser Arbeit speziell auf die Wirtschaft, Politik und einem besonderen Teil der Medien Chinas ein.

In Kapitel 2 wird zunächst der Begriff Jugendsprache definiert. Anhand einer Fachliteratur des Linguisten David Crystal wird erläutert, was eine Weltsprache ist, was sie ausmacht und wie sie fungiert.

Im dritten Kapitel wird anschließend die Gründung der Volksrepublik bis zum heutigen China unter Staatschef Xi Jinping in kurz für das weitere Verständnis erklärt.

In Kapitel 4 folgt eine Erläuterung zur Rolle und Bestrebungen zur Kommunistischen Partei China, die auf aktuelle Geschehnisse basiert, und die die Besonderheit des Staates aufweisen soll.

Im fünften Kapitel wird auf die gewaltige Wirtschaft Chinas eingegangen. Dabei werde ich zunächst erklären, wie die Partei mit der Wirtschaft eng kooperiert. Anschließend soll anhand der wirtschaftlichen Reform, seit dem Tod Mao Zedongs das Potenzial der Volksrepublik zur aufstrebenden Weltmacht verdeutlicht werden. Abgeschlossen wird dieses Kapitel mit der Darlegung wirtschaftlicher Daten, die bis ins Jahr 2025 reichen.

In Kapitel 6 folgt eine Erläuterung zur außenpolitischen Einflussnahme Chinas auf den europäischen Kontinent im Bezug auf Großbritannien und Frankreich.

Im siebten Kapitel wird die mächtige Technologiemacht der Volksrepublik klargestellt. Darunter wird speziell auf ein Unternehmen eingegangen, das trotz hunderter Beteiligungen außerhalb Chinas, recht unbekannt ist.

Die vorliegende Facharbeit endet mit einem abschließenden Fazit, das die Ergebnisse zusammenfassend reflektiert.

2. Definition der Weltsprache

Der Mythos, eine Sprache anhand der Anzahl der Sprecher als Weltsprache festzumachen, ist verfehlt, denn bei der Definition geht es eher darum, welchen internationalen Status die Sprache in der Sprachkonstellation einnimmt. Den anerkannten internationalen Status erreicht eine Sprache erst dann, wenn ihr aus internationaler Seite eine besondere Rolle zugesprochen wird. Zudem sollte die Sprache nicht nur von Muttersprachlern gesprochen werden, sondern auch von einer Mehrzahl an Nicht- Muttersprachlern, also Menschen, die die Sprache als Zweit- oder sogar als Drittsprache sprechen. Somit hat die jeweilige Sprache als Weltsprache die Funktion als Medium der Kommunikation zwischen Sprachen, die sich auch als Minderheiten erweisen, zu dienen. Durch die ehemalige Weltsprache Latein ist bekannt, dass die Anzahl der Muttersprachler bei der Sprache vollkommen irrelevant ist, denn Latein zeichnete sich durch den großen militärischen, politischen und wirtschaftlichen Einfluss seiner Sprecher aus. Daraus lässt sich schließen, dass die Wichtigkeit einer Sprache sich durch die Mächtigkeit ihrer eigenen Sprachgemeinschaft ergibt und die Sprachkonstellation als eine Art Spiegel der politischen Verhältnisse fungiert[1].

3. Gründung der Volksrepublik bis heute

China, das bevölkerungsreichste Land der Welt, galt lange Zeit nach der Ausrufung der Volksrepublik China im Jahre 1949 als unwichtiges Glied in der internationalen Politik. Obwohl das Ausland den neuen kommunistischen Staat mit Vorsicht observierte, avancierte die Hauptstadt Peking (später Beijing

---

[1] Vgl. Crystal, David: English as a global language (Second Edition), Cambridge University Press, Cambridge, 1998.

genannt) sich selbst in eine außenpolitische Isolation, nachdem die Kontakte zu den USA und zum einstigen Vorbild, der Sowjetunion, durch den Tod Stalins im Jahre 1953 abgebrochen wurden. Nach eigenem Gewissen bemühte sich Mao Zedong, der Parteiführer der Kommunistischen Partei Chinas (KPCh), die Volksrepublik mit dem Glauben an den eigenen Kommunismus den Weg in eine neue Ära zu ebnen, wobei bei diesem Vorhaben Millionen Menschenleben aufgeopfert wurden. Letztlich sorgte der Tod Mao Zedongs und der darauffolgende Kurswechsel im Jahre 1978 für eine reformierte Wirtschaft, sowie eine intensivere außenpolitische Integration.[2] Von da an ist es ein unabgeschlossener Prozess, der mit jedem kommenden Jahr mehr und mehr an Bedeutung gewinnt, sodass zahlreiche ausländische Firmen und Unternehmen nun mehrere Millionen an US-Dollar investieren, da sie den chinesischen Markt als Geldanlage ansehen. Nicht nur als ständiger Vertreter im UN-Sicherheitsrat mit entsprechendem Veto-Recht, sondern auch als Atommacht hat die Volksrepublik einen maßgeblichen Einfluss auf das internationale Geschehen. Dies hat zur Folge, dass China immer mehr in den Mittelpunkt der Medien geriet und dementsprechend Monografien publiziert werden, die die Entwicklung der Volksrepublik in den letzten Jahren sowie die aktuelle Situation in mehreren Bereichen analysieren. Jedoch zeigen chinesische Devisenreserven, dass die Entwicklung in China teilweise so rasant vorangeht, dass Fakten, die heute noch aktuell sind, morgen bereits veraltet sein könnten. Somit steht fest, dass Chinas Aufstieg zur Weltmacht unmittelbar bevorstehe.[3]

4. Rolle und Bestrebungen der KPCh

Um die Vormachtstellung der Volksrepublik China nachzuvollziehen, muss man sich die Geisteshaltung der KPCh genauer anschauen. Dabei steht eins fest: Die KPCh bemüht sich die Welt nach ihren Vorstellungen zu gestalten. Dafür sucht die Partei Verbündete, bringt Kritiker zum Schweigen und unterwandert westliche Institutionen mit der Absicht, den Widerstand gegen ihr Machtstreben zu schwächen. Vor allem seit dem Zusammenbruch der Sowjetunion führt Beijing, ohne es zu verschweigen, einen ideologischen Krieg gegen den Westen und sieht sich von Feinden umringt, die sie zu neutralisieren oder besiegen versucht. Die KPCh sieht vor, Einfluss auf die westlichen Eliten zu nehmen. Dabei werde sich herausstellen, ob diese die Vormachtstellung Chinas begrüßen oder es ihnen gleichgültig ist. Mit großer Anlehnung an die riesige wirtschaftliche Macht,

[2] Vgl. Hirn, Wolfgang: Herausforderung China, Bonn 2006.
[3] Vgl. Clive Hamilton und Mareike Ohlberg: Die lautlose Eroberung, München 2020.

übt die KPCh diplomatischen Druck aus, wendet Überredenskunst an, betreibt Einheitsfront-Politik und manipuliert Medien, Denkfabriken, sowie Universitäten. Wovon sich die Volksrepublik unterscheidet, ist ein hohes Maß an Organisation und die ausgeprägte Bereitschaft, Zwang auszuüben. Beijing ist bereit, jegliche Abhängigkeit als politische Waffe einzusetzen. Shaun Rein, der Gründer der China Market Research Group (CMR), sagt dazu:

„Wenn du nicht tust, was die politische Führung in Beijing will, wird sie dich wirtschaftlich bestrafen. Sie setzt Politikern in aller Welt wirtschaftliche Daumenschrauben an. Das tut sie seit Jahren, und es funktioniert."[4]

Dabei setzt Beijing nicht selten die als Daumenschrauben bezeichneten wirtschaftlichen Zwänge ein. Beispielsweise reagierte China sofort als Daryl Morey, der Geschäftsführer des Basketballteams der Houston Rockets, Ende des Jahres 2019 in einem Tweet seine Unterstützung für die Demonstranten in Hongkong bekundete.[5] Neben einer Flut kritischer Stimmen auf Twitter, die offensichtlich von pro-chinesischen Trollen und Konten stammen, wurden die Übertragungen der Spiele der National Basketball Association (NBA), in China, die die größte Fangemeinschaft besitzt, eingestellt. Daraufhin haben sich chinesische Sponsoren zurückgezogen und Beijing beschuldigte Morey, dass er die Gefühle des chinesischen Volkes verletzt habe. Als Antwort darauf folgte eine kriecherische Entschuldigung seitens der NBA, die beim Publikum rüberkam, als hätte es die KPCh vordiktiert. Des Weiteren setzte China auch bei deutschen Persönlichkeiten die Daumenschrauben ein. Direkt, nachdem sich Mesut Özil öffentlich gegen die Verfolgung der uigurischen Minderheit in der Volksrepublik China äußerte, nahm der britische Fußballclub Arsenal sofort abstand. Resümierend hat sich China durch die Widersetzungen der westlichen Länder, welche den Freihandel aus politischen Gründen behinderten, zum Meister der dunklen Kunst der wirtschaftlichen Hypnose gefedert. Ein weiteres Mittel der KPCh die Welt nach ihren Vorstellungen zu gestalten, sei das enorme Infrastrukturprogramm namens „Belt and Road Initiativ", welches im Deutschen als die „Neue Seidenstraße" bekannt ist. Sie solle im Grunde zur wirtschaftlichen Erpressung dienen und biete der Volksrepublik ein riesiges Betätigungsfeld, indem es seine Kapitalreserven einsetzen könne. Auf der anderen Seite biete die „Neue Seidenstraße" den eher ärmeren Länder Investitionsmöglichkeiten, die sich jedoch durch die nicht vorhandenen Bedingungen wie die

---

[4] Shaun Rein, China Market Research Group, Shanghai, zitiert in: Beijing's new weapon in economic war: Chinese tourists, Inquirer.net, 26. Juni 2017.
[5] Vgl. James Palmer, The NBA is China's willing tool, in: Foreign Policy, 7. Oktober 2019.

Umweltschutzvorgaben, unattraktiv und unsicher erweisen[6]. Darüber hinaus stelle sich die „Neue Seidenstraße" als ein wichtiges Instrument zur geopolitischen Neuordnung heraus, denn die KPCh sprach offen darüber, dass das Projekt ein Vorwand für die Verfolgung der großen Strategie Chinas sei.[7] Selbst Nayan Chanda, der ehemalige Herausgeber der „Far Eastern Economic Review", beschrieb die „Neue Seidenstraße" als offenen Ausdruck von Chinas Machtanspruch im 21. Jahrhundert[8]. Das grundlegende Ziel der „Neuen Seidenstraße" besteht darin, die Interesse der beteiligten Länder Schritt für Schritt neu auszurichten und das globale Machtgleichgewicht zu verschieben. Ein Bestandteil der Vorstellung der KPCh ist die Identifizierung eines Widerspruchs aus dem Westen. Dies sind die Vereinigten Staaten, die von ihren Verbündeten abgekoppelt und isoliert werden müssten. Besonders der Brexit, die Uneinigkeit in der Europäischen Union und der Wahlsieg Donald Trumps haben Beijing eine strategische Chance eröffnet, die transatlantische Allianz zu schwächen und die europäische Einheit auf seine Seiten zu ziehen, womit es die Welt davon überzeugt, dass es der Vorreiter des Multilateralismus und ein notwendiges Gegengewicht zum Unilateralismus der amerikanischen Hegemonialmacht sei.[9] Neben der Furcht vor der ideologischen Infiltration der KPCh, welches aussagt, dass China sich in einem Kalten Krieg mit der Außenwelt befindet, hat es beschlossen, dass der Angriff die beste Verteidigung sei.[10] Als vorübergehende Verteidigungswaffe nutzt die KPCh die zur Zensur des Internets errichtete „Große Firewall", die erst nach der weltweiten Anerkennung der Werte und des politische Systems Chinas abgelöst werden könnte.[11] Letztendlich möchte die KPCh, dass das politische und wirtschaftliche System Chinas sich gegenüber der kapitalistischen Wirtschaftsordnung als überlegen erweise und zeigen, dass es das Wohl der Menschheit im Sinn habe.

---

[6] Vgl. Thomas, Jason: China's BRI negatively impacting the environment, in: The Asean Post, 24. Dezember 2019.
[7] Vgl. Devin Thorne und Ben Spevack : Harbored Ambitions; How China's port investments are strategically reshaping the Indo-Pacific, 2017.
[8] Chanda Nayan: The Silk Road – Old and New, in: YaleGlobal Online, 26 Oktober 2015.
[9] Vgl. King, Ariana: China is champion of multilateralism, foreign minister says, in: Nikkei Asian, 29. September 2018.
[10] Vgl. Melanie Hart und Blaine Johnson: Mapping China's Global Governance Ambitions, in: Center of American Progress, 28. Februar 2019.
[11] Vgl. Anonym: Why does the Western media hate the GFW so much? in: Global Times, 11. April 2016.

5. Wirtschaft - Chinas Weg zum Schwellenland

5.1. Die KPCh und die Wirtschaft

Ein sachkundiger Beobachter, Yi-Zheng Lian, bezeichnete die moderne chinesische Wirtschaft als „Partei-Unternehmens-Konglomerat",[12] denn die Zusammensetzung aus Partei- und Regierungsorganen ziehe folgen mit sich. So leitete die in den Mitte der 80er von Deng Xiaoping eingeführte Reform, die die Wirtschaft anhand der Trennung von Partei und Staatsverwaltung flexibilisieren sollte, dazu, dass die Manager von staatlich kontrollierten Unternehmen nach wie vor die politische Kontrolle fortführen konnten. Die KPCh begrenzte sich unter Xiaoping nur an der Justiz, dem Sicherheitsapparat und dem Militär, sowie an den wichtigsten Wirtschaftssektoren, wie Banken, Eisenbahnen, Massenmedien (CCTV), und Telekommunikationen.[13] Da es in der Volksrepublik China keine Rechtsstaatlichkeit, sowie keine Herrschaft des Gesetzes, sondern eine Herrschaft durch das Gesetz gibt, wird das Recht als Herrschaftsinstrument eingesetzt.[14] Die KPCh entscheidet über die Gesetze, und ihre Interessen haben Vorrang vor allen widersprüchlichen Interessen. Die Gerichte müssen dabei den Interessen der Partei dienen. Rechtsanwälte, die sich so verhalten, als gäbe es einen Rechtsstaat, finden sich im Gefängnis wieder.[15] Umfassend laufen die Wahlen für die Einflussnahme der Partei, die durch die Bestimmung der Zentralregierung verlaufen, innerhalb der Ämter von Regionalregierungen, Staatsunternehmen und dem Militär, wodurch die KPCh über Schlüsselpersonen die Macht behalte.[16] Besonders die Furcht, aus der Partei entlassen und somit arbeitslos zu werden, fördert die gegenseitige Kontrollierung. Empirisch betrachtet gab es von 1978 bis 2005 in 80% aller Regionen Chinas einen Wechsel der Gouverneure durch Anordnung des Zentralkomitees, wodurch sich die Annahme, dass die KPCh ihren Einfluss auf Regionen wahrt und sichert, bestätigen lässt. Schließlich werden makroökonomische Faktoren, wie die Wirtschaftsleistung und Investitionen von der Partei bestimmt und diese bereits auf regionaler Ebene präzise eingesetzt. Zuletzt schafft dies aber auch einen

---

[12] Vgl. Yi-Zheng Lian: China, the party-corporate complex, in: New York Times, 12. Februar 2017.

[13] Vgl. Xu Xiaozhou und Mei Weihui: Educational Policies and Legislation in China, 2011, S.12

[14] Vgl. Chen, George G.: Le droit, c'est moi : Xi Jinping's new rule-by-law approach, in: Oxford Human Rights Hub, 26. Juli 2017.

[15] Vgl. Duggan, Jennifer: China targets lawyers in new human rights crackdown, in: The Guardian, 13. Juli 2015.

[16] Heilmann, Sebastian: Das politische System der Volksrepublik China, 2016.

regionalen Wettbewerb um effiziente Arbeit und dient als Experiment von Reformen, die von der KPCh als Prüfung (試驗) bezeichnet werden.[17]

5.2. Reform- und Öffnungspolitik als Mittel zur Wirtschaftsmacht

Der Tod Mao Zedongs im Jahre 1976 ermöglichte die Transformation des chinesischen Wirtschaftssystems und setzte sich 1978 unter dem neuen Parteiführer Deng Xiaoping ein. Anders als bei den osteuropäischen Ländern, die nach den 90ern eine wirtschaftliche Schocktherapie erfuhren, ging Xiaoping einen langsam herantastenden wirtschaftlichen Kurswechsel ein. Neben den zahlreichen Reformen in der Planwirtschaft, dienten Werbekampagnen als Hoffnungsträger der Bevölkerung auf eine moderne Konsumgesellschaft. Laut Xiaopings Plan sollte die ökonomische Umgestaltung die KPCh legitimieren und den enormen Verlusten unter Mao Zedong Herrschaft entgegenarbeiten, womit die menschlichen Grundbedürfnisse wiederhergestellt wurden. Weiterhin beschloss Xiaoping nach der langjährigen außenpolitischen Abschottung Chinas das politische Gewicht in der Welt anhand des chinesischen Marktes und des wirtschaftlichen Potenzials wiederaufzubauen. Folglich sollte aus dem wirtschaftlichen Aufstieg ein leistungsstarkes Verteidigungssystem aufgebaut werden.[18]

5.3. Chaos beseitigen und zur Normalität zurückkehren

Boluan Fanzheng: „Chaos beseitigen und zur Normalität zurückkehren" hieß die zwischen 1978 und 1989 tätige erste Phase der Reformen des chinesischen Wirtschaftssystems seit Maos Tod. Deng Xiaopings „Ein Land – zwei System" Politik war durch die Kollision neuer und alter Strukturen eine zweigleisige Reform, die die Marktmechanismen einführen sollte.[19] So gab es neben Planpreisen die neu entstandenen Marktpreise in den Sonderwirtschaftszonen, die die Bauern zur Eigeninitiative leitete. Jedoch stürzte das zweigleisige Preissystem selbst nach völliger Freigabe der Preise in eine Inflation und es folgten politische Proteste im Juni 1989 am Tian'anmen-Platz, die die Wirtschaftsreformen auf Jahre bremste. Grund war, dass mit der

---

[17] Vgl. Xu, Xiaozhou: Educational Policies and Legislation in China, 2011, S.12-13.

[18] Vgl. Böwer, Uwe: Die Außenwirtschaftspolitik der VR China, Projektgruppe Model United Nations, München 2000.

[19] Vgl. Heilmann, Sebastian: Das politische System der Volksrepublik China, dritte Auflage (2016), S.187.

„Restrukturierung und Konsolidierung" die Stabilisierung Vorrang vor der Liberalisierung bekam und alles andere vernachlässigt wurde.[20]

5.4. Deng Xiaopings Südtour

Nach dem blutigen Massaker am Tian'anmen-Platz 1989 und der politischen Inspektionstour von Deng Xiaoping, nahm dieser die „Reform- und Öffnungspolitik" wieder auf, womit die nächste Phase, die als Zeit der wirtschaftlichen Liberalisierungsmaßnahmen bekannt war, von 1992 bis 2001 feststand. Der auf dem XIV. Parteitag im Jahre 1992 festgelegte Beschluss, die soziale Marktwirtschaft als wirtschaftliches Ziel zu setzen, bewirkte durch die neuen ausländischen Investitionen und die Ausweitung der Privatwirtschaft einen großen wirtschaftlichen Aufschwung.[21] Nur bei den größten Staatsunternehmen, die sich im Bereich der Kommunikation, Energie und Medien befanden, behielt die KPCh ihre volle Macht. Als Antwort auf die asiatische Finanzkrise im Jahr 1997 bis 1998 investierte der Staat in zahlreiche Projekte und hob die Löhne von Dienstleistungen auf, womit die Aufnahme in die Welthandelsorganisation (WTO) bestanden war.[22]

5.5. Jahrhundertwende

Die Reformphase von 2002 bis 2012 waren geprägt von dem Beitritt in die Welthandelsorganisation und der Weltwirtschaftskriese 2008. Bei dem Ressourcenmangel wurde mit einer beschränkten Kreditvergabe gedeckt, wodurch es vermehrt zu Kommunikationsmangel zwischen den Regionalregierungen und der Regierung in Beijing kam. In der Absicht sich international zu Ambitionieren und Abhängigkeit in dem internationalen Markt zu gewinnen, investierte die Volksrepublik in der Weltwirtschaftskriese 2008 wie kein anderes Land zu dieser Zeit.[23]

5.6. Post-Mao Reform

Die neueste Reform wurde 2013 mit der Präsidentschaftswahl des KP-Chef Xi Jinping eingeleitet und wird von dem neuen Staatspräsidenten selbst als „neue Ära der post-Mao Reform" verkündet. Diese solle die Sicherung des wirtschaftlichen Aufschwungs Chinas weiterhin wahren und die Volksrepublik als

---

[20] Vgl. Blume, Robert: Einige müssen zuerst reich werden, in: Die Zeit, Nr. 35/2004.
[21] Vgl. Heilmann, Sebastian: Das politische System der Volksrepublik China, dritte Auflage (2016), S.187.
[22] Vgl. Lorenz, Andreas: Eintritt in eine neue Ära, in: Spiegel Online, 9. November 2001.
[23] Vgl. Heilmann, Sebastian: Das politische System der Volksrepublik China, dritte Auflage (2016), S.187.

internationalen Akteur konstituieren. Als Alternative für künftigen Ressourcenmangel, werde der Markt die Kreditvergabe übernehmen. Xi Jinping verspreche einen landesweiten Wohlstand für die gesamte Bevölkerung Chinas und stellte das Wachstumsmodell aufgrund von Klimaschäden, Rechtsunsicherheit und ungerechte Lohnverteilung um. Das aktuelle Programm unter Xi Jinping beinhalte einen größeren Eingriff auf den Binnenkonsum, die Förderung von Innovation und die Privatsektoren.[24]

5.7. Wirtschaftlicher Erfolg und Prognose

Viele Forscher sind sehr erstaunt von dem Erfolg der chinesischen Wirtschaft. Nennenswert ist der Anstieg des Bruttoinlandsprodukt (BIP) zwischen 1978 bis 2001 von ca. 55,6 Mrd. US-$ auf ca. 1.333 Mrd. US-$. Mit dem Eintritt in die WTO im Jahre 2001 stieg das BIP auf ca. 14.860 US-$ im Jahr 2020. Des Weiteren wird von Statistikern ausgegangen, dass das BIP von China trotz der Corona-Pandemie auf ca. 23.029 US-$ im Jahr 2025 ansteige (Abbildung 1: Bruno Umersbach, 2020).[25] Durch die niedrigen Löhne im Jahre 1978 ergab sich die Volksrepublik zu einem attraktiven Ort für Investoren. Folglich stiegen die ausländischen Direktinvestitionen von 430 Mio. Dollar im Jahr 1982 auf 47 Mrd. im Jahr 2001. Besonders durch dnr Beitritt zur WTO erhöhte sich der Schub nochmals, sodass 2017 Investitionen von fast 170 Mrd. US-$ ins Land flossen. Diese gingen in den Bau ausländischer Fabriken, womit China zur Werkbank der Welt wurde. Mit einem Ausfuhrwert von 2,4 Billionen US-$ im Jahre 2018 wurde China zum Exportweltmeister und zum wichtigsten Handelspartner Deutschlands (Abbildung 2: Frank Stocker, 2018).[26]

6. Politik – Außenpolitischer Einfluss der KPCh

6.1. Verbündete finden in Europa

Wie im vorherigen Kapitel genannt, versucht die Volksrepublik die transatlantische Allianz zu schwächen und die europäische Einheit auf seine Seiten zu ziehen, um die geopolitische Neuordnung zu verändern. Die KPCh knüpft und pflegt seit langem freundschaftliche Beziehungen zu politischen Parteien im Ausland, angefangen mit der Mitgliedschaft in der von der

---

[24] Vgl. Full text: Chinese President Xi Jinping's 2020 New Year speech, in: CGTN Online, 31. Dezember 2019.
[25] Vgl. Urmersbach, Bruno: China: Bruttoinlandsprodukt (BIP) in jeweiligen Preisen von 1980 bis 2019 und Prognosen bis 2025 (in Milliarden US-Dollar), in: statista.com, 26. Oktober 2020.
[26] Vgl. Stocker, Frank: Über dieses Erfolgsgeheimnis redet China ungern, in: welt.de, 23. Dezember 2018.

Sowjetunion geführten Kommunistischen Internationale, die die Gründung der KPCh 1921 unterstützte. Inzwischen beschränkt sich der brüderliche Kontakt nicht nur auf westlichen kommunistischen Parteien, sondern geht auf mehrere Parteien hinaus. Mittlerweile hat die Abteilung für Einheitsfrontarbeit die Aufgabe, Auslandschinesen anzuleiten und abweichende Meinungen zu unterdrücken, während die Internationale Verbindungsabteilung der KPCh für die diplomatischen Kontakte zwischen der KPCh und ausländischen Parteien zuständig sei.[27] Dementsprechend betreibt die KPCh nicht selten Einheitsfront-Politik und führt zahlreiche Veranstaltungen, in denen das „Schicksalsgemeinschaft der Menschheit" (renlei mingyun gongtongi) Konzept unter Xi Jinping beworben wird. Die Intention dieser Veranstaltungen ist das „Bekenntnis zur Gefolgschaft", welches dazu führen soll, dass ausländische Politiker die Wortwahl der KPCh wiederholen. Dadurch sind in einigen nationalen Parlamenten in der EU Freundschaftsgruppen entstanden. In den folgenden drei Unterkapitel werde ich mich mit den Methoden befassen, die die KPCh nutzt, um sich hochrangigen Entscheidungsträgern in Europa anzuschmiegen. Die Bemühungen Chinas in ihrer Gesamtheit darzustellen ist unmöglich, jedoch wird man sich ein Bild von der Tragweite der Beeinflussungsoperation der KPCh machen können, indem ich eine der wichtigsten und verschwiegensten Vorstöße in Großbritannien und Frankreich konkret vorstelle.

6.2. The 48 Group Club - Die Eisbrecher

Die „48 Group of British Traders with China" ist eine in London ansässige gemeinnützige Organisation, die sich der Förderung des Handels zwischen der Volksrepublik China und dem Vereinigten Königreich widmet. Vorsitzinder dieser Organisation ist Jack Perry.[28] Grundlegend besteht der 48 Group Club aus einer Verzweigung von mehreren chinesischen und britischen Eliten. Einer der bekanntesten Persönlichkeiten auf britischer Seite ist der ehemalige Premierminister Tony Blair, der frühere stellvertretende Premierminister Michael Heseltine und der Milliardär Hugh Grosvenor. Unter dieser kurzen Benennung kann man sich denken, dass die Liste die ganzen Kontakte der benannten Personen beinhaltet, die wiederum ebenfalls eine besondere finanzielle oder politische Rolle besitzen. Weiterhin möchte ich genannt haben, dass der Vorsitzende der British Airways, der Direktor von Huawei sowie mehrere Personen mit engen Verbindungen zur „Bank of England" und den

---

[27] Vgl. Shambaugh, David: China: An International Journal, März 2007.
[28] Vgl. the48groupclub.com

amerikanischen Investmentbanken Goldman Sachs und J.P.Morgan ebenfalls aktive Mitglieder der Organisation sind. Unter der chinesischen Seite befinden sich Li Yuanchao, der ehemalige Leiter der mächtigen Organisationsabteilung der KPCh, Fu Ying, die stellvertretende Außenministerin der Volksrepublik und der ehemalige Botschafter in Großbritannien, Ji Chaozhu, der unteranderem der Dolmetscher Mao Zedongs war und als erfolgreicher Spion bekannt sei.[29] Bei diesem Überblick der Mitglieder wird deutlich, dass man der 48 Group Club bei der Einflussnahme im Ausland der KPCh große Bedeutung zusprechen könnte, denn neben zahlreichen anderen Aktivitäten wird vor allem für die „Neue Seidenstraße" geworben. Zuständig für die Finanzierung solle die chinesisch-britische Lobbygruppe China-Britain Business Council (CBBC) sein.[30] Nennenswert ist, dass der 48 Group Club in der Volksrepublik geehrt wird mit der Bezeichnung „alte Freunde", während er in Großbritannien ziemlich unbekannt ist. Hintergrundgeschichte der Gründung der 48 Group Club geht auf den Koreakrieg im Jahre 1950 bis 1953 zurück. Durch die chinesische Verwicklung in den Koreakrieg verhängte die Vereinigte Staaten und Großbritannien ein behördliches Verbot des Exports und Imports von strategischen Gütern über die Volksrepublik. Infolgedessen fühlten sich Geheimmitglieder der Kommunistischen Partei Großbritanniens (CPGB) wie der ehemalige Bürgerrechtsaktivist Roland Berger dazu Berufen, eine Frontorganisation auszurufen, um der Sowjetunion und der Volksrepublik China bei der Umgehung des Handelsembargos zu helfen.[31] So beschlossen Jack Perry, der ebenfalls Geheimmitglied der CPGB, und der ehemalige Ministerpräsident der Volksrepublik China Zhou Enlai nach einem gemeinsamen Gespräch den 48 Group Club, die auch Eisbrecher genannt wurde, zu gründen. Resümierend dient der 48 Group Club für die KPCh als wertvollstes Instrument für die Einflussnahme und die Informationsbeschaffung im Vereinigten Königreich. Der Club, der in die höchsten Kreise der politischen, geschäftlichen, medialen und akademischen Eliten hineinreicht, erfüllt eine wichtige Funktion in den Versuchen, die Einstellungen Großbritanniens zu China im Sinne der KPCh zu formen.

6.3. Investmentfirma Cathay Capital

Genau wie der britische 48 Group Club ist auch die in Lyon und Paris ansässige Investmentfirma namens Cathay Capital weitreichend unbekannt und besitzt

---

[29] Vgl. Barboza, David: The Man on Mao's Right, at the Center of History, in: New York Times, 17. Februar 2012.

[30] Vgl. The Belt and Road Initiative, in: cbbc.org

[31] Vgl. the48groupclub.com

dabei ein weitreichendes Netz politischer Kontakte in Frankreich und China. Die Investmentfirma wurde 2006 mit der Unterstützung der staatlichen China Development Bank und der staatlichen französischen Investmentbank Bpifrance unter den chinesischen Staatsbürgern Cai Mingpo und Financier Edouard Moinet gegründet. Im Grunde sei die Investmentfirma dafür gedacht, französischen Investoren das Investieren in China zu ermöglichen. Der Gründer selbst habe ein Netzwerk zum Büro von dem aktuellen französischen Präsidenten Macron sowie zu einem hochrangigen Parteifunktionär namens Li Yuanchu von der Hubei Provincial High Technology Investment Company, die mit Organisationen, die Wirtschaftsspionage betreiben, kooperiere.[32] Des Weiteren hat Cai Mingpo die im Jahre 1994 von der chinesischen Regierung und der Europäischen Kommission gegründete Hochschule „China Europe International Business School" in Shanghai besucht, die für prominente französische Staatsbürger mit Chinainteresse bekannt ist. Mit Hinblick auf die Professoren der Hochschule fallen der ehemalige Leiter der WTO, Pascal Lamy, und die ehemaligen französischen Ministerpräsidenten Jean-Pierre Raffarin und Dominique de Villepin auf.[33] Unter den drei genannten Professoren wurde Jean-Pierre ausgerechnet am 70. Jahrestag der Volksrepublik von Xi Jinping als „alter Freund" bezeichnet und mit einer Medaille ausgezeichnet, die die Loyalität gegenüber der KPCh widerspiegelte,[34] denn 2005 befürworte er nicht nur die „Neue Seidenstraße", sondern auch ein Gesetz, das China zur Invasion Taiwans autorisiere.[35] Anschließend wirkte Raffarin auch bei der Gründung der France China Foundation im Jahre 2012 mit, bei dem sich auf französischer Seite Persönlichkeiten wie der Geschäftsführer von L'Oréal, der Leiter des Versicherungskonzerns AXA und der ehemalige Ministerpräsident Edouard Philippe befinden, während es auf der chinesischen Seite zahlreiche Internetmilliardäre wie Jack Ma von Alibaba, Pony Ma von Tencent, Wang Yan von Sina.com und Ya-Qin von Baidu sind.[36] Genau wie bei der 48 Group Club nutzt auch in diesem Fall die KPCh die France China Foundation als eines der wichtigsten Instrumente zur Beeinflussung der französischen Eliten.

---

[32] Vgl. Anonym: Cai Mingpo: the financier helping to build bridges between France and China: in: intelligenceonline.com, 20. Mai 2019.

[33] Vgl. Chikhachev, Alexei: From apprehensions to ambitions: The French approach to China, in: russiancouncil.ru, 11. April 2019.

[34] Vgl. Anonym: Xi confers highest state honors on individuals ahead of National Day, in: xinhuanet.com, 29. September 2019.

[35] Vgl. Anonym: France backs China on Taiwan: in: dw.com, 21. April 2005.

[36] Vgl. Anonym: In wolves'clothing, in: economist.com, 12. Februar 2015.

7. Medien – Technologische Autokratie

Aufgrund der Tatsache, dass ein Großteil der Länder heutzutage mindestens einen atomaren Sprengkörper besitzen, halte ich es in diesem Fall für irrelevant das Militär der Volksrepublik China vorzustellen. Stattdessen möchte ich mich in diesem Kapitel mit den Medien beschäftigen, welche im 21. Jahrhundert eine immer größere Rolle spielen. Um in das Thema einzusteigen Frage ich erst einmal: Wer ist der größte Videospiel-Veröffentlichter der Welt? Nintendo, Sony oder doch EA? Die Antwort lautet, der bereits in meiner Facharbeit erwähnte, chinesische Konzern Tencent mit Sitz in Shenzhen, dem Silicon Valley Chinas (Abbildung 3: New Zoo, 2021). [37] Tencent erstreckt sich wie ein Feuer über die globale Gaming-Industrie. Dem Konzern gehört bzw. Riot Games, [38]gleichzeitig besitzt er große Anteile an den Spieleentwicklern Epic Games und Supercell.[39] Dazu kommen Anteile an Activision, Blizzard und Ubisoft. Sprich die halbe Gaming-Industrie. Außerdem gehören dem Konzern Anteile an Spotify, dem Autohersteller Tesla, der größten globalen Plattenfirma Universal Music, die Digitalbank N26 und Snapchat.[40] Tencent gehören aber auch die beliebtesten Messenger-Dienste Asiens namens WeChat und QQ. Mit WeChat Pay und WeBank dominiert es den asiatischen Markt für bargeldloses Bezahlen. Es ist das sechstgrößte Unternehmen der Welt und feiert Jahr für Jahr neue Umsatzrekorde (Abbildung 4: Companies Market Cap, März 2021). [41] Hinter dem Erfolg des Konzerns steckt brillante Voraussicht, aber auch etliche Plagiate und bedingungslose Kooperation mit der KPCh, die jedes erdenkliche Werkzeug nutzt, um ihre Bevölkerung und ihre Unternehmen auszuspionieren und zu kontrollieren. Ende der 90er kopierte Tencent den legendären Messengerdienst ICQ. Ab 2004 ist eine Reihe erfolgreicher Browser-Spiele erschienen.[42] Kurze Zeit später kauften Tencent sich in den globalen Gaming-Markt ein und kopierten Spiele aus dem Ausland. Der Konzern legt den Fokus dabei früh auf Mobile Games, da viele chinesische Staatsbürger ein Smartphone besitzen, aber keinen Computer oder Konsole.[43] Konkurrenz aus dem Ausland gab es nicht. Grundsätzlich ist es so, dass für ausländische Unternehmen der chinesische

---

[37] Vgl. Anonym: Top 25 Public Companies by Game Revenues, in: newzoo.com.

[38] Vgl. Mattgey, Rupert: League of Legends am Ende?: Total-Ausverkauf nach China, in: chip.de, 19. Dezember 2015.

[39] Vgl. Messner, Steven: Every game company that Tencent has invested in, in: pcgamer.com, 9. August 2020.

[40] Vgl. Neuhaus, Carla: N26 sammelt 160 Millionen Dollar ein, in: tagesspiegel.de, 20. März 2018.

[41] Vgl. Anonym: Largest Companies by Market Cap, in: companiesmarketcap.com.

[42] Vgl. Schonfeld, Erick: For Chinese IM Portal Tencent, the money is in micro-transactions, in: techcrunch.com, 27. März 2008.

Markt immer noch nicht komplett geöffnet ist. Für viele internationale Entwickler war Tencent lange die einzige Möglichkeit, ihre Spiele doch noch auf dem gigantischen chinesischen Markt anbieten zu können. So wuchs Tencent rasant heran. Zur selben Zeit explodiert die Tencent-App WeChat. Das war ursprünglich ein Klon von WhatsApp. Heute wird die App nicht nur genutzt, um sich Zeit zu vertreiben, zu chatten oder sich ein Taxi zu rufen, man nutzt sie auch, um Geld zu versenden, Versicherungen und Verträge abzuschließen, und um sich zu informieren. Man könne alles innerhalb der App erledigen. WeChat hat mittlerweile über 1,2 Mrd. Nutzer und bestimmt den Alltag der meisten Chinesen.[44] In den falschen Händen wären so eine App und ihre Datengewalt natürlich ein unfassbar mächtiges Werkzeug. Wie bereits in den vorherigen Kapitel erwähnt, herrscht in der Volksrepublik keine Demokratie. Die KPCh diktiert das Leben der chinesischen Bevölkerung in allen Bereichen. In jedem größeren Unternehmen gibt es Zellen der KPCh unter anderem auch in Tencent. Ganz stark ist die Partei auf die konsequente Nutzung all der neuen Möglichkeiten ausgerichtet, die digitale Technologie bieten.[45] WeChat und vergleichbare Apps bieten der KPCh neue Möglichkeiten, unpopuläre Meinungen zu zensieren. Mit solchen Diensten kann man die Bevölkerung überwachen und Informationen kontrollieren. Amnesty International gab WeChat und QQ bei einem Privacy Rating null von 100 Punkten. Dabei wurde unter anderem bewertet, wie sicher Nutzerdaten verschlüsselt und gespeichert werden. Zur Verschlüsslung macht Tencent keine Angaben. Der KPCh den Zugang zu den Daten zu verweigern sei unbedenklich. Außerdem nutzen über 100 Mio. Menschen WeChat außerhalb Chinas. Citizen Lab, eine Forschungseinrichtung der Universität Toronto, hat die App genau untersucht. Laut ihr liest die chinesische Regierung auch im Ausland vertrauliche App-Daten aus, und nutzt sie für ihre heimische Propagandamaschine (Abbildung 5: The Citizen Lab, 2020).[46] Doch es sind nicht nur WeChat und Co., die KPCh scheint ihre Bevölkerung auch über Videospiele zu überwachen und zu kontrollieren. 2019 hat die chinesische Regierung zum Beispiel veranlasst, dass Tencent und andere Spieleanbieter neue Klarnamen-Identifikationssysteme einführen. Um spielen zu

[43] Vgl. F. Tenzer: Prognose zur Anzahl der Smartphone-Nutzer in China von 2017 bis 2023, in: de.statista.com, 9. Juni 2020.

[44] Vgl. A. Poleshova: Anzahl der monatlich aktiven Nutzer (MAU) von WeChat weltweit vom 2. Quartal 2011 bis zum 3. Quartal 2020, in: de.statista.com, 17. November 2020.

[45] Vgl. Livingston, Scott: The Chinese Communist Party Targets the Private Sector, in: Center for strategic and international studies, Oktober 2020.

[46] Vgl. Jeffrey Knockel, Christopher Parsons, Lotus Ruan, Ruohan Xiong, Jedidiah Crandall, und Ron Deibert: We chat, they watch, in: The Citizen Lab, 7. Mai 2020.

dürfen ist teilweise sogar eine Gesichtserkennung notwendig. Minderjährige dürfen maximal 90 Min. pro Tag spielen. An Feiertagen bis zu drei Stunden und zwischen 22 und acht Uhr gar nicht. Gleichzeitig scheinen Spiele nur zugelassen zu werden, wenn sie den Werten der KPCh entsprechen. Wenn nicht, haben sie schlechte bis gar keine Chancen.[47]

8. Fazit

In der vorliegenden Facharbeit wurde das Thema Weg der Volksrepublik zur möglichen Weltmacht anhand der Faktoren im Bereich der Wirtschaft, Politik und der Medien untersucht. Folgende Fragestellung lag der Untersuchung zugrunde: Chinesisch, Weltsprache von morgen? Der Weg von Mandarin zu einer möglichen Weltsprache resultierte durch den Weg der Volksrepublik China zur zukünftigen Weltmacht. Mithilfe verschiedener Expertenmeinungen aus unterschiedlichen Teilbereichen konnte eine Liste markanter Anzeichen herausgearbeitet werden, die für Mandarin als zukünftige Weltsprache sprechen.

Die zentralen Merkmale Chinas als Weltmacht zeigten sich in erster Linie durch den Wegfall von wissenschaftlichen Literaturen (Sinologie), Artikeln, Statistiken und Boulevardblättern. Die Analyse im Bereich der Wirtschaft hat gezeigt: Die wirtschaftliche Erpressung erweist sich als sehr wirksam. Sie verzerrt die Entscheidungen gewählter Regierungen, schüchtert Bürokraten ein, bringt Kritiker zum Schweigen und macht zahlreiche Unternehmen abhängig. Zudem hat die Analyse im Bereich der Politik gezeigt, dass die Macht Chinas wächst, wenn chinesische Unternehmen, die der Partei unterstehen, kritische Infrastrukturen in anderen Ländern besitzen. Besonders der Verlauf des Bruttoinlandprodukts Chinas hat bewiesen, dass die Volksrepublik auch in Zeiten der Corona-Pandemie rasant anwächst und somit andere Länder von ihr abhängig macht. Aber auch der Internetverkehr wird zunehmend von der Volksrepublik dominiert und erfolgreiche Plattformen werden von chinesischen Konzernen, unter der Kontrolle der KPCh, aufgekauft. Das Ziel der Facharbeit, aufzuzeigen, dass die Volksrepublik demnächst eine Weltmacht und die Sprache Mandarin eine Weltsprache wird, wurde somit erreicht.

---

[47] Vgl. Borak, Masha: China's real name verification system for games to launch nationwide by September, in: scmp.com, 3. August 2020.

9. Literaturverzeichnis

A. Poleshova: Anzahl der monatlich aktiven Nutzer (MAU) von WeChat weltweit

vom 2. Quartal 2011 bis zum 3. Quartal 2020, Statista, 17. November 2020, unter: https://de.statista.com/statistik/daten/studie/311381/umfrage/anzahl-der-monatlich-aktiven-nutzer-von-wechat-weltweit/ [abgerufen am: 19.03.2021 um 12:13 Uhr].

Anonym: Cai Mingpo: the financier helping to build bridges between France and China, Intelligence Online, 20. Mai 2019, unter:
https://www.intelligenceonline.com/insiders/china_france/2019/05/20/cai-mingpo-the-financier-helping-to-build-the-bridges-between-france-and-china/108357795-be1?
__cf_chl_captcha_tk__=d9543650165c58c956d4b67e494a9dc042658cfa-1616516383-0-
ATMEwRMnZmVgMnH8gKz2kwz2T6i5NrHekO3922hamYpcKDexV7KQJ
UatbV15txaZPhLWjtPQ1W1o_ntwny7Og-S9utXt6vSN-
9493sQI5nEC1_ZzQx2JE79jzrQPBxqD2FiDMeF9atCchqnJirTx3efsijM04
YEYr-ge5kzg4W4vgUbztp7wmQW98pI79_OeICt_Pom8Us6tybPkT9w-
QmlTIeY55laWyFBzcTXA12KHCUK6hcT2W_-
Yx0I2Ifl_xF6ItlGXR8TLe9et13k9CEefJ0yrymeWDJQL4JuQqdU2mpNBEjd
mMWBqXx4EaZhWtSDsOsoVX0anqIAtdGPSBFIYUjg_7PkpwCLX66Fz8
4vEELH1JR1R2V8FSuVlKaXWSiCQ1w1i1QYntjiICxRsxC-
B_xA5Jb92NiuZDknufr1O1ybHxKdDiv4tYUHMS_yt6Wcy1phG9qxzMkO4
SKmmfkRYLk2GuxshPRMQSonx8aZhAk_UGxF1hHrlIXXyfw7dqtjo9rCet9
NRcfqyFWZa0QvW-PiAErOEG6psndLrpWPlXlb-
Xjf6X6JX1s72yyTPBuRoor_sUTJPF1YDU9Dxke1IhcKWD2DnR2GYFIH
WrxpytLmHgizMT80dszmGR6zl1y3mn7otlo49ORo7FbNNkwGIRDbO4FS
aqCUsJkCvspA8zAFANypzdQRrLBh7jJyZDcHRtHNIZSol7zGTDszEsgQu
SEuBOEFAqpT7ajMs1vtliEQIMnLQqesuagW596Tugg [abgerufen am: 15.03.2021 um 19:11].

Anonym: France backs China on Taiwan, Deutsche Welle, 2005, unter:
https://www.dw.com/en/france-backs-china-on-taiwan/a-1559253
[abgerufen am: 16.03.2021 um 17:44 Uhr].

Anonym: Full text: Chinese President Xi Jinping's 2020 New Year speech, CGTN Online, 31. Dezember 2019, unter: https://news.cgtn.com/news/2019-12-

31/Full-text-Chinese-President-Xi-Jinping-s-2020-New-Year-speech--
MSnhLaJmlE/index.html [abgerufen am: 10.03.2021 um 18:11 Uhr].

Anonym: In wolves 'clothing, The Economist, 12. Februar 2015, unter:
https://www.economist.com/china/2015/02/12/in-wolves-clothing
[abgerufen am: 17.03.2021 um 16:12 Uhr].

Anonym: Largest Companies by Market Cap, Companies Market Cap, 2021,
unter: https://companiesmarketcap.com/ [abgerufen am: 18.03.2021 um
17:02 Uhr].

Anonym: The 48 Group Club: Home, The 48 Group Club, (o. D) , unter:
https://www.the48groupclub.com/ [abgerufen am: 15.03.2021 um 13:53
Uhr]

Anonym: The Belt and Road Initiative, CBBC, (o. D.), unter:
http://www.cbbc.org/resources/belt-and-road-reports-(1)/ [abgerufen am:
15.03.2021 um 17:17 Uhr].

Anonym: Top 25 Public Companies by Game Revenues, New Zoo, 17. März
2021, unter: https://newzoo.com/insights/rankings/top-25-companies-
game-revenues/ [abgerufen am: 17.03.2021 um 16:55 Uhr].

Anonym: Who's who, The 48 Group Club, (o. D.), unter:
https://www.the48groupclub.com/about-the-club/whos-who/ [abgerufen
am: 12.03.2021 um 12:14 Uhr].

Anonym: Why does the Western media hate the GFW so much?, Global Times,
11. April 2016, unter: https://www.globaltimes.cn/content/977979.shtml
[abgerufen am: 07.03.2021 um 17:38 Uhr].

Anonym: Xi confers highest state honors on individuals ahead of National Day,
Xinhua Net, 29. September 2019, unter:
http://www.xinhuanet.com/english/2019-09/29/c_138433793.htm
[abgerufen am: 16.03.2021 um 15:34 Uhr].

Barboza, David: The Man on Mao's Right, at the Center of History, New York
Times, 17. Februar 2012, unter:
https://www.nytimes.com/2012/02/18/world/asia/ji-chaozhu-man-on-maos-
right-at-center-of-history.html [abgerufen am: 15.03.2021 um 15:12 Uhr].

Blume, Robert: Einige müssen zuerst reich werden, Die Zeit, 20.08.2004, unter:

> https://www.zeit.de/2004/35/deng [abgerufen am: 09.03.2021 um 19:21 Uhr].

Borak, Masha: China's real name verification system for games to launch nationwide by September, SCMP, 3. August 2020, unter: https://www.scmp.com/abacus/games/article/3095509/chinas-real-name-verification-system-games-launch-nationwide-september [abgerufen am: 21.03.2021 um 16:21 Uhr].

Böwer, Uwe: Die Außenwirtschaftspolitik der VR China, Projektgruppe Model United Nations, 2000, unter: https://web.archive.org/web/20120130042741/http://www.chinafokus.de/nmun/18_i_d.php [abgerufen am: 09.03.2021 um 15:16 Uhr].

Chen, George G.: Le droit, c'est moi : Xi Jinping's new rule-by-law approach, Oxford Human Rights Hub, 26. Juli 2017, unter: https://ohrh.law.ox.ac.uk/le-droit-cest-moi-xi-jinpings-new-rule-by-law-approach/ [abgerufen am: 08.03.2021 um 19:53 Uhr].

Chikhachev, Alexei: From apprehensions to ambitions: The French approach to China, Russian Council, 11. April 2019, unter: https://russiancouncil.ru/en/analytics-and-comments/analytics/from-apprehensions-to-ambitions-the-french-approach-to-china/?sphrase_id=70463116 [abgerufen am: 16.03.2021 um 13:23 Uhr].

Clive Hamilton und Mareike Ohlberg: Die lautlose Eroberung, München: Deutsche Verlags-Anstalt 2020, S. 11 – 16.

Crystal, David: English as a global language (Second Edition), Cambridge University Press, Cambridge, 1998, S.3 – 10, unter: http://culturaldiplomacy.org/academy/pdf/research/books/nation_branding/English_As_A_Global_Language_-_David_Crystal.pdf [abgerufen am: 02.03.2021 um 17:33 Uhr].

Devin Thorne und Ben Speyack: Harbored Ambitions; How China's port investments are strategically reshaping the Indo-Pacific, C4ADS, 2017, S. 19, unter: https://static1.squarespace.com/static/566ef8b4d8af107232d5358a/t/

5ad5e20ef950b777a94b55c3/1523966489456/Harbored+Ambitions.pdf [abgerufen am: 05.03.2021 um 14:58 Uhr].

Duggan, Jennifer: China targets lawyers in new human rights crackdown, The Guardian, 13. Juli 2015, unter: https://www.theguardian.com/world/2015/jul/13/china-targets-lawyers-in-new-human-rights-crackdown [abgerufen am: 09.03.2021 um 13:01 Uhr].

F. Tenzer: Prognose zur Anzahl der Smartphone-Nutzer in China von 2017 bis 2023, Statista, 9. Juni 2020, unter: https://de.statista.com/statistik/daten/studie/374625/umfrage/prognose-zur-anzahl-der-smartphonenutzer-in-china/ [abgerufen am: 18.03.2021 um 20:33 Uhr].

Heilmann, Sebastian: Das politische System der Volksrepublik China (3. Auflage), Wiesbaden: Springer Fachmedien Wiesbaden 2016, S. 54 – 56.

Hirn, Wolfgang: Herausforderung China: Wie der chinesische Aufstieg unser Leben verändert, Bonn 2006, S.175.

Jeffrey Knockel, Christopher Parsons, Lotus Ruan, Ruohan Xiong, Jedidiah Crandall, und Ron Deibert: We chat, they watch, The Citizen Lab, 7. Mai 2020, unter: https://citizenlab.ca/2020/05/we-chat-they-watch/ [abgerufen am: 19.03.2021 um 15:28 Uhr].

King, Ariana: China is champion of multilateralism, foreign minister says, Nikkei Asian, 29. September 2018, unter: https://asia.nikkei.com/Politics/International-relations/China-is-champion-of-multilateralism-foreign-minister-says [abgerufen am: 06.03.2021 um 13:42 Uhr].

Lian, Yi-Zheng: China, the party-corporate complex, New York Times, 12. Februar 2017, unter: https://www.nytimes.com/2017/02/12/opinion/china-the-party-corporate-complex.html [abgerufen am: 08.03.2021 um 16:37 Uhr].

Livingston, Scott: The Chinese Communist Party Targets the Private Sector, Center for strategic and international studies, 8. Oktober 2020, unter: https://www.csis.org/analysis/chinese-communist-party-targets-private-sector [abgerufen am: 19.03.2021 um 14:15 Uhr].

Lorenz, Andreas: Eintritt in eine neue Ära, Spiegel Online, 9. November 2001,

> unter: https://www.spiegel.de/politik/ausland/china-eintritt-in-eine-neue-aera-a-166833.html [abgerufen am: 10.03.2021 um 16:26 Uhr].

Mattgey, Rupert: League of Legends am Ende?: Total-Ausverkauf nach China, Chip, 19. Dezember 2015, unter: https://www.chip.de/news/League-of-Legends-am-Ende-Total-Ausverkauf-nach-China_87111391.html [abgerufen am: 17.03.2021 um 19:17 Uhr].

Melanie Hart und Blaine Johnson: Mapping China's Global Governance Ambitions, Center of American Progress, 28. Februar 2019, unter: https://www.americanprogress.org/issues/security/reports/2019/02/28/466768/mapping-chinas-global-governance-ambitions/ [abgerufen am: 06.03.2021 um 17:17 Uhr].

Messner, Steven: Every game company that Tencent has invested in, PC Gamer, 9. August 2020, unter: https://www.pcgamer.com/every-game-company-that-tencent-has-invested-in/ [abgerufen am: 18.03.2021 um 15:52 Uhr].

Nayan, Chanda: The Silk Road – Old and New, YaleGlobal Online, 26 Oktober 2015, unter: https://yaleglobal.yale.edu/content/silk-road-old-and-new [abgerufen am: 06.03.2021 um 11:02 Uhr].

Neuhaus, Carla: N26 sammelt 160 Millionen Dollar ein, Tagesspiegel, 20. März 2018, unter: https://www.tagesspiegel.de/wirtschaft/allianz-und-tencent-investieren-n26-sammelt-160-millionen-dollar-ein/21093008.html [abgerufen am: 18.03.2021 um 16:34 Uhr].

Palmer, James: The NBA is China's willing tool, Foreign Policy, 7. Oktober 2019, unter: https://foreignpolicy.com/2019/10/07/us-businesses-like-the-nba-are-chinas-willing-tools/ [abgerufen am: 04.03.2021 um 18:08 Uhr].

Rein, Shaun: Beijing's new weapon in economic war: Chines tourists, China Market Research Group, 26. Juni 2017, unter: https://business.inquirer.net/229958/beijings-new-weapon-economic-war-chinese-tourists [abgerufen am: 04.03.2021 um 16:12 Uhr].

Schonfeld, Erick: For Chinese IM Portal Tencent, the money is in micro-transactions, Tech Crunch, 27. März 2008, unter: https://techcrunch.com/2008/03/27/for-chinese-im-portal-tencent-the-money-is-in-micro-transactions/ [abgerufen am: 18.03.2021 um 18:09 Uhr].

Shambaugh, David: China: An International Journal, Singapur: NUS Press, 2007,

S. 26 – 54.

Stocker, Frank: Über dieses Erfolgsgeheimnis redet China ungern, Welt, 23. Dezember 2018, unter: https://www.welt.de/wirtschaft/article186012554/So-hat-sich-China-an-die-Spitze-der-Weltwirtschaft-gearbeitet.html [abgerufen am: 11.03.2021 um 17:53 Uhr].

Thomas, Jason: China's BRI negatively impacting the environment, The Asean Post, 24. Dezember 2019, unter: https://theaseanpost.com/article/chinas-bri-negatively-impacting-environment [abgerufen am: 05.03.2021 um 12:34 Uhr].

Urmersbach, Bruno: China: Bruttoinlandsprodukt (BIP) in jeweiligen Preisen von 1980 bis 2019 und Prognosen bis 2025 (in Milliarden US-Dollar), Statista, 26. Oktober 2020, unter: https://de.statista.com/statistik/daten/studie/19365/umfrage/bruttoinlandsprodukt-in-china/ [abgerufen am: 11.03.2021 um 16:44 Uhr].

Xu Xiaozhou und Mei Weihui: Educational Policies and Legislation in China, Singapur: Springer Nature Singapore Pte Ltd. Und Higher Education Press 2011, S. 12 – 13.

10. Anhang

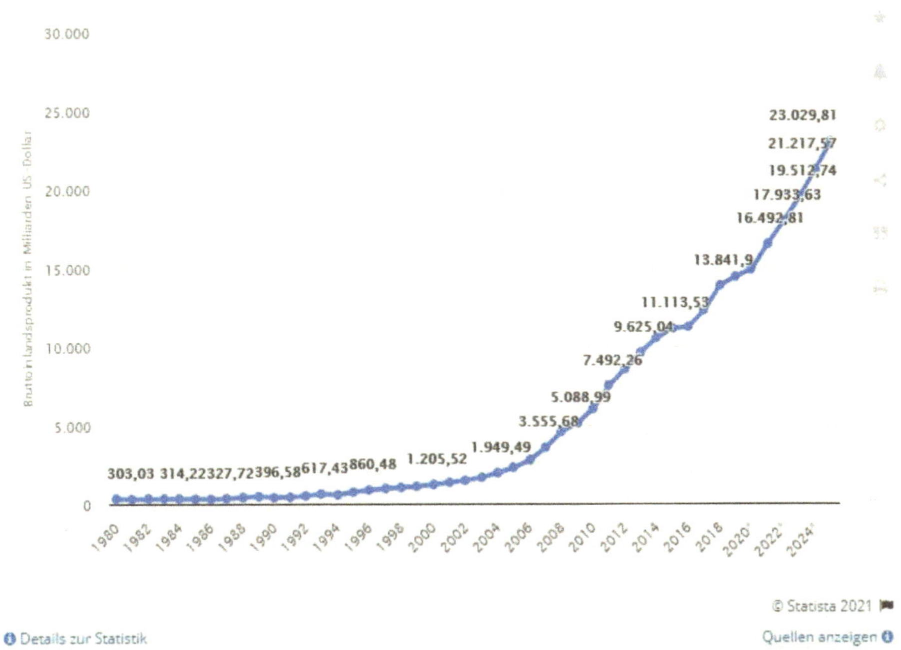

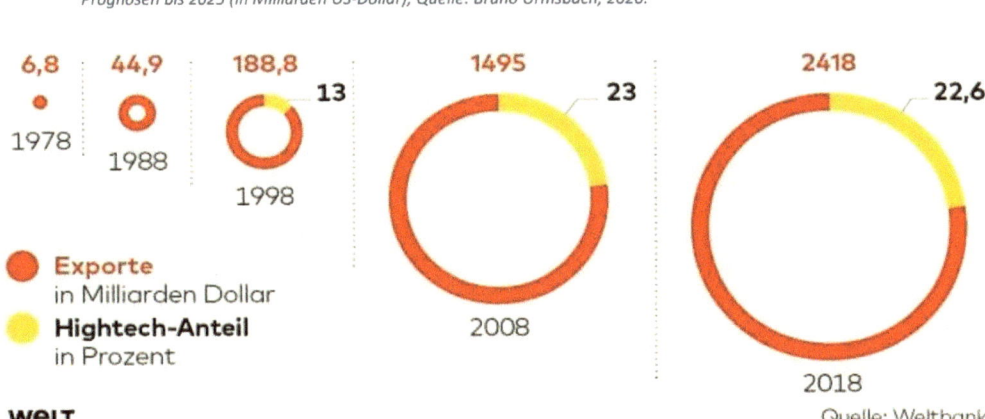

Abbildung 1: *China:Bruttoinlandsprodukt (BIP) in jeweiligen Preisen von 1980 bis 2019 und Prognosen bis 2025 (in Milliarden US-Dollar); Quelle: Bruno Urmsbach, 2020.*

Abbildung 2: *Entwicklung des chinesischen Außenhandels; Quelle: Frank Stocker, 2018.*

Company	Revenues	Change
Tencent	$5,225M	4 % ▲
Sony*	$3,879M	9 % ▲
Apple*	$2,887M	19 % ▲
Microsoft*	$2,831M	26 % ▲
Nintendo	$2,286M	151 % ▲
Google*	$1,877M	8 % ▲

Abbildung 3: *Top 6 börsennotierte Unternehmen nach Spieleinnahme ; Quelle: New Zoo, 2021.*

	Market Cap	Price	Today	Price (30 days)	Country
Apple	$2,096 T	$122.48	-0.74%		us USA
Saudi Aramco	$1,872 T	$9.36	-1.27%		sa S. Arabia
Microsoft	$1,791 T	$237.82	0.65%		us USA
Amazon	$1,579 T	$3,138	0.70%		us USA
Alphabet (Google)	$1,380 T	$2,082	0.49%		us USA
Facebook	$827.87 B	$290.72	-0.96%		us USA
Tencent	$765.92 B	$81.08	-2.04%		cn China
Alibaba	$647.49 B	$237.65	0.22%		cn China
Tesla	$635.08 B	$661.65	-1.25%		us USA
Berkshire Hathaway	$572.74 B	$377.201	-0.64%		us USA

Abbildung 4: *Die Top 10 größten Unternehmen nach Marktkapitalisierung; Quelle: Companies Market Cap, März 2021.*

Abbildung 5: *Hinweis auf Bildzensur in WeChats Eins-zu-Eins-Chat-Funktion im Juli 2017 ; Quelle: The Citizen Lab 2020.*